AF311730

ESSAI

SUR LA
NÉCESSITÉ DE CONFÉRER LES

EMPLOIS

SELON LES

TALENS,

PAR

Mr. LE BARON DE LOC*ella*

.... *moniti meliora sequamur.*

EN EUROPE
CHEZ LES LIBRAIRES.
MDCCLX.

A MONSIEUR
LE COMTE DE W**

CHER AMI,

Permettez qu'en vous dédiant ce petit ouvrage je consacre une sorte de monument public à notre Amitié : à cette Amitié qui, par je ne sais quelle douce sympathie, nous unit d'abord heureusement dès notre tendre âge, & que la même éducation, les mêmes goûts, & les

mêmes études, ont depuis rendu aussi vive que sincère, aussi étroite
qu'invariable. Vous savez que je
suis à jamais.

Tout à vous
L. B. DE L***.

PRÉFACE.

JE prévois que je ferois jugé
avant que d'être lu : en-
core ne ferois - je pas le
prémier à qui cela foit arrivé.   On fe
recriera entre autre fur ce que je me
fuis amufé à prouver ce que perfonne
n'a jamais revoqué en doute. Il fe peut
même que l'on m'attribue des vues par-
ticulières ou perfonnelles. On dira …..
tout ce qu'on voudra. On critiquera….

tout ce qui ne plaira pas : en quoi l'on pourra avoir raiſon & tort. De mon côté, je crois devoir inſtruire mon Lecteur que, fidèle à mes principes, ce ne ſera que de la manière ſuivante que je ſerai affecté du ſort de ce petit ouvrage : ſavoir que la juſte cenſure privée ou publique, loin de me piquer, ſervira à me corriger ; j'en profiterai, & j'en ſerai très-obligé aux cenſeurs : la critique d'un faux Ariſtarque ne me chagrinera pas : loin de lui répondre avec aigreur, je lui pardonnerai ſes fautes ſans les rélever : enfin l'approbation du Public éclairé, ſi tant eſt que ces feuilles en trouvent & en méritent, ne m'enorgueillira pas non plus, j'eſpère ; mais je me contenterai de ce témoignage public d'un tems bien employé. Après tout, je prie les perſonnes éclairées de vouloir bien m'honorer de leurs avis & de leurs jugemens.

Or voici ce qui m'a porté à publier cet Ecrit : j'ai penfé que ce feroit mériter du Public, que de lui communiquer la difcuffion d'un fujet auffi intérreffant que l'eft celui que le titre annonce. Il me femble au refte que cet Effai contient le développement d'une propofition fur laquelle un raifonnement détaillé ne fauroit être ni fuperflu ni même inutile ; quoique la vérité en foit d'ailleurs connue en gros de tout le monde. Voici mes vues & mon deffein : animé de zèle pour le Bien général du genre humain, & par conféquent rendu fenfible au Bien des Etats & de ceux qui les fervent, j'ai entrepris ce petit travail afin de pouvoir, fi l'on veut

bien me lire, réveiller aux Protecteurs
comme aux protégés les idées qu'ils peuvent avoir sur la nécessité de conférer
les emplois selon les talens. C'est à
l'usage de cette espèce de Lecteurs que
je me suis étendu en parlant de la diversité réelle des caractères de nos esprits
& de l'inégale distribution des talens :
c'est à eux préférablement que je désire
de faire goûter les raisons qui démontrent la nécessité de choisir les talens
selon les emplois : c'est à eux enfin & à
tout le monde que, dans une légère
ébauche, j'ai laissé envisager les différentes conséquences qui résultent d'un
tel choix selon qu'il est bon ou mauvais.
Content si la réflexion sur ce que j'a-
vance dans cet Essai pouvoit donner lieu
à des réglemens utiles dans la distribution des emplois : comme Citoyen du

monde je serois ravi d'avoir pu rendre de semblables services au Public en général. Content encore si un seul mortel en tire du profit : chérissant mon prochain par devoir & par inclination, j'aurois le sensible plaisir d'avoir en même tems satisfait à deux choses souvent opposées d'intérêts, savoir la Loi & le Panchant : voilà mon but.

Il ne faudra, ce me semble, que très-peu d'équité pour ne me pas prêter d'autres intentions que celles que je viens d'exposer. Il seroit encore très-injuste & très-imprudent de défendre quelque-part la lecture de cet Ecrit : car, outre que le soin qu'on a eu de ne jamais s'écarter des vues générales le met naturellement à l'abri de toute défense; ce seroit en effet se decouvrir assez imprudemment que de condamner une auſſi ſimple expoſition des maximes univer- ſelles: ce ſeroit, ſans contredit, s'at- tribuer nommément & comme par pré- férence le défaut de la pratique d'une vérité commune. Loin d'une telle crainte, j'oſe plutôt m'aſſurer, d'une pleine liberté de paroître en tout lieu: & je crois pouvoir me flatter que cha- que Lecteur verra bien, ſans que je l'en prévienne, que, loin de l'eſprit de critique, je n'ai rien moins prétendu que de haranguer ici quelque Etat en parti- culier où, peut-être, ma Théorie ne con- viendroit guères à la Pratique. Du ſur- plus, je proteſte ſolemnellement, (& c'eſt certainement tout ce que je puis faire pour obvier à la calomnie) que je ne connois point de Province à laquelle j'euſſe pu adreſſer ceci en particulier.

PREFACE.

„ J'ai vu sous le Soleil ,, dit le s a-
GE ,,* qu'on ne confie pas la courſe
,, au plus vîte, ni la guerre au plus
,, vaillant: que ce n'eſt point aux ſa-
,, ges qu'on donne du pain, ni aux
,, plus habiles qu'on donne les richeſ-
,, ſes; & que ce ne ſont pas les plus
,, intelligens qui plaiſent le plus: mais
,, que la rencontre & le haſard font
,, tout ſur la terre. ,, Perſonne ne
ſauroit trouver mauvais que je me faſ-
ſe une ſorte de rempart de ces paroles
ſacrées, & qu'après cela je diſe hardi-
ment que j'ai publié cet Ecrit, parceque je n'ai pas cru qu'on en pourroit
dire avec vérité, que le ſujet en eſt,
en général, hors de ſaiſon; que ce ſiècle ſur - tout n'en a que faire; qu'enfin

* *Eccl. IX.* 11.

les talens n'ont guères befoin aujourdui
de femblables plaideurs pour être employés à propos, ni les emplois de tels
fecours pour être dignement remplis **.
Quoiqu'il en foit, on donne cet Effai
au Public, & on le lui abandonne.

** *Non tali auxilio nec defenforibus iflis*
Tempus eget. Virgilius.

ESSAI

ESSAI
SUR LA
NÉCESSITÉ DE CONFÉRER LES
EMPLOIS
SELON LES
TALENS.

INTRODUCTION.

*P*OUR qu'un État ſoit génèrale-
ment bien règlé, il eſt neceſſai-
re que les talens de ceux à qui
le Souverain en confie l'admi-
niſtration & le gouvernement
ſoient propres à traiter les affaires attachées aux
emplois qu'ils exercent: voilà, ce me ſemble,
une de ces maximes unanimement approu-
vées en Théorie & communément négli-
gées en Pratique. J'ai donc penſé qu'il

A

feroit peut-être utile d'offrir un Effai fur
la néceffité de conférer les emplois felon
les talens : fujet fur lequel il n'a paru
encore , que je fache , rien de détaillé
jufqu'ici. C'eft un Effai , je le répète:
car je n'ai pas prétendu donner un Traité
complet , ni voulu épuifer mon fujet. Au
furplus , les matériaux ne m'euffent pas
manqué, fi j'avois jugé à propos de m'é-
tendre davantage: mais j'avoue qu'effrayé
de l'abondance de la matière, je me fuis
reftraint dans les bornes étroites d'un Effai : ce n'eft pas fans raifon que je les ai
préférées à un gros volume , qui fatigue
fon Auteur, & qui rebute plus fouvent fes
Lecteurs qu'il ne les inftruit. Commen-
çons par fixer la valeur des mots en y
attachant des idées nettes & précifes: il
m'importe d'être compris.

Perfonne n'ignore ce qu'on entend par
emploi: je reftrains ici la fignification trop
étendue de ce mot: je ne m'en fers que
pour défigner les charges publiques, qui
exigent des travaux d'efprit & des connoiffances: où l'Ame eft plus occupée que
le corps : & où il ne fuffit pas de payer
fimplement de fa figure.

Je définis, en général , les *talens*, une
heureufe difpofition de la Nature , qui

naît avec nous , & qui nous donne de l'aptitude pour les Arts & pour les Sciences (*a*).
Tout le monde fait que nous avons deux
fortes de talens, ceux de l'efprit, & ceux
du corps: & le Lecteur fent bien , fans
que je l'en avertiffe , que ce font les prémiers que nous avons ici en vue. Dans
le cours de cet Ecrit, le mot de *talent* me
fervira pour défigner une difpofition naturelle de l'efprit qui nous rend fpecifi-
quement propre à traiter certain genre
d'affaires: ainfi celui dont la difpofition
d'efprit convient à l'exercice de tel emploi, eft cenfé avoir ce que je nomme
le talent de l'emploi.

J'entens ici par *génie* l'aptitude particulière qu'un homme reçoit de la Nature à
traiter certaines efpèces d'affaires avec
une facilité extraordinaire & avec l'avantage de l'invention: difpofition qui le rend
capable d'atteindre dans fa fphère le plus
haut dégré de perfection: ainfi celui qui
eft doué de cette capacité rélativement à

(*a*) Je n'oferois dire avec Mr. de Fontenelle que
le talent *eft un certain mouvement impétueux & heureux , qui nous porte vers certains objets & les fait
faifir juftes fans avoir aucun befoin du fecours de la
reflexion......* pour peu qu'on en ait befoin, ajoute-t-il enfuite, c'eft autant de rabattu fur l'effence
& fur le mérite du talent. De bonne foi, ne voilà-
t-il pas plûtôt la définition de l'effet du talent
que celle du talent même?

l'exercice de tel emploi, poſſede ce que j'appelle le *génie de l'emploi.*

Or remarquons bien ceci : l'on peut avoir pluſieurs talens ; mais on n'a qu'un génie : les talens conviennent aux genres d'affaires : le génie n'eſt que pour l'eſpèce. Delà il s'enſuit que ſi les travaux d'eſprit requis pour faire les fonctions de différens emplois ſont à peu près analogues ; le caractère d'eſprit (*b*) propre à l'un des deux conviendra auſſi à l'autre. De ſorte que l'on peut avoir le talent de différens emplois, & ſe trouver capable de s'acquitter aſſez bien des devoirs de chacun de ces emplois indifféremment. Il n'en eſt pas ainſi du génie de l'emploi : car ſuppoſé qu'on ait ce génie & qu'on ſoit aſſez heureux de parvenir à cette eſpèce d'emploi, l'on eſt en état, il eſt vrai, de s'en acquitter bien ſupérieurement ; mais loin d'être capable, quelque étendue d'eſprit qu'on ait d'ailleurs, de briller également dans une autre eſpèce d'emploi, l'expérience prouve au contraire qu'on n'y réuſſit que, tout au plus, médiocrement : & telles ſont les bornes de

(*b*) Le divers mélange des talens & leurs dégrés de perfection forment ce que je nomme *Caractère d'eſprit,* tout de même que le divers mélange des humeurs & leurs dégrés d'abondance conſtituent ce qu'on appelle *tempérament.*

l'efprit humain.   J'aurai encore dans la
fuite l'occafion de revenir fur ce propos.
Je me hâte maintenant de difcuter l'inégalité des caractères de nos efprits, au
hazard de m'attirer de la part de certains
Lecteurs cette apoftrophe de *Perfe* : *quis*
leget haec.

PREMIERE PARTIE.

Inégalité des caractères de nos esprits: & quelles en sont les causes.

JE me flate de rencontrer juste quand je place l'inégalité qui se trouve dans la conformation extérieure de nos corps, à côté de celle qui régne dans ce qui constitue le caractère de nos esprits. J'en appelle à l'expérience, le plus sûr garant que j'en puisse avoir: elle justifie pleinement cette comparaison. En effet, on est encore à trouver deux personnes d'une parfaite ressemblance de visage seulement (a): & il me paroit pour le moins également difficile, je dirois volontiers impossible, qu'on rencontre jamais deux caractères d'esprit absolument égaux. Diversité merveilleuse dans la conformation de nos traits! Inégalité incomprehensible dans la force de nos talens! Admirons ici la divine Providence: admirons l'Auteur de la Nature: tout cela part de sa main:

(a) Qu'on ne vienne point ici me contredire en alléguant des prétendues histoires véritables, imprimées, attestées, &c. Je déclare que je fais autant de cas de tous ces contes, où la vérité est confondue avec l'exagération, que des fables: en quoi je ne m'écarte pas de l'opinion des plus savans Philosophes.

tout cela a pour but le bien des hommes.
Ce divin Créateur également merveilleux
& bienfaisant dans la création, comme
il n'a pas fait deux grains de sable qui
se ressemblent parfaitement : ainsi aussi
a-t-il prodigieusement diversifié les traits
de nos visages & les caractères de nos esprits : diversité nécessaire à la vie sociale
à laquelle il nous destinoit. Il n'est, je
crois, personne qui d'abord ne conçoi-
ve combien la diversité des visages nous
est utile & nécessaire : aussi ne faut-il que
du sens commun pour appercevoir tout
aussitôt qu'il en est de même de l'inégalité des caractères de nos esprits, & de la
différente distribution des talens. L'on
pourroit d'ailleurs assez agréablement, si
c'en étoit ici le lieu, étendre la comparaison proposée tantôt, en comparant,
par exemple, les jolis visages aux bons
caractères d'esprit ; les laids aux mauvais; les traits frappans aux esprits vifs;
les traits fades aux esprits simples : les
traits majestueux aux esprits sublimes
& profonds : & enfin la parfaite beauté,
chose qui ne se trouve guères, au génie
universel, également introuvable. Mais
comme cela nous méneroit trop loin, &
ne serviroit pourtant de rien à la discussion
de notre sujet; qu'il nous suffise de pouvoir conclure de cette ébauche, que les

A 4

caractères de nos esprits sont en effet aussi différens que nos visages, & les talens aussi variés que les traits.

Que si quelqu'un s'avise de me demander ici la cause physique de cette inégalité des caractères de nos esprits; que lui répondrai-je? Je pencherois à lui dire d'après *Ovide : causa latet, vis est notissima* (b). Au défaut de vérités, payons au moins de probabilités. L'opinion commune en attribue la cause, avec assez de vraisemblance, aux différens tempéramens & aux diverses organisations du cerveau. L'on sait, en effet, que les hommes ne se ressemblent guères, ni par les fibres du cerveau, ni par les tempéramens. Or, les organes, disent les Philosophes, servent à l'Ame pour faire ses fonctions, & le tempérament influe dans l'action de l'esprit. Par conséquent l'Ame agit diversement, selon qu'elle trouve l'organisation & le tempérament variés. Ainsi par exemple, si une personne est tout à-fait stupide & hébetée : c'est, disent-ils, qu'il y a défaut dans l'organisation : si elle n'a point le précieux talent de la mémoire; c'est que son cerveau est trop sec.

(b) *Metamorph.* L. IV. La cause en est cachée; mais l'effet en est très-connu.

Tout cela me paroit d'une très-grande
probabilité, mais auſſi, a dire vrai, d'u-
ne forte obſcurité. Eh! comment conce-
voir clairement la réaction de l'Ame ſur
nos ſens & de nos ſens ſur l'Ame? Je
me trompe fort ſi ce myſtère ne demeu-
re toujours myſtère.

Jean Huarte Medecin eſpagnol ſe rendit
fameux, dans le ſeizième ſiècle par un
Ouvrage qu'il intitula *l'Examen des eſprits*
(*c*). Il y traite d'abord de la néceſſité de
la capacité naturelle pour réuſſir dans les
Sciences: enſuite il examine l'organiſation du cerveau & les tempéramens, en
tant qu'il occaſionnent la diverſité des
caractères d'eſprit: & il fait dériver la
différence des talens de la conſtitution
phyſique du cerveau, qu'il diviſe en chau-
de, humide, & ſéche. De la chaleur il fait
naitre l'imagination; de l'humidité la
mémoire; & de la ſiccité le jugement.

(*c*) Ce livre écrit originairement en langue eſpagnole
a été traduit en pluſieurs langues: il eſt néanmoins
devenu rare aujourdui. Antoine Zara compoſa d'a-
près Huarte un ouvrage intitulée: *l'Anatomie des
eſprits & des ſciences*; & Mr. Sorel dans ſon Livre *de la
perfection de l'homme* y traita auſſi cette matière. Il y
a beaucoup de bonnes choſes dans ces ouvrages; mais
je n'ai pas pu en profiter dans cet Eſſai où je n'ai en-
viſagé les talens qu'en tant qu'ils doivent onvenir
aux emplois. Je ne m'y ſuis propoſé que de démontrer la néceſſité du choix qu'on en doit faire en diſtribuant les charges dans un Etat bien réglé.

Partant de ce Système il s'efforce de démontrer que l'étude des langues, la théorie de la Jurisprudence, la Géographie, & l'Arithmétique appartiennent à la mémoire : que la Théologie scolastique, la théorie de la Medecine, la Dialectique, la Philosophie morale & naturelle, & la Jurisprudence pratique dépendent du jugement : qu'enfin la Poésie, l'Eloquence, l'Architecture, la Medecine pratique, les Mathématiques, & la Science du Gouvernement font du ressort de l'imagination. Il va jusqu'à soutenir dans le neuvième chapitre qu'un grand Orateur ne sauroit avoir un grand jugement. Du reste, quoiqu'il en soit des raisonnemens qu'on trouve dans ce livre beaucoup critiqué; l'on ne sauroit pourtant disconvenir qu'il n'y ait de fort bonnes observations jointes à des maximes également vraies & utiles. *Huarte* étoit un de ces hommes qui, incapables de se tenir au chemin battu dans la République des lettres, se frayent une nouvelle route, & qui en réflechissant beaucoup sur les traces des Anciens, viennent à bout de découvrir par une profonde meditation des pays inconnus avant eux. Néanmoins, comme il arrive assez fréquemment à ceux qui envisagent les prémiers certaines Hypothèses, notre *Huarte* dans ses raison-

nemens perd fouvent de vue la Nature
& ne voit que fon ouvrage propre. Tout
ce qui n'eſt pas abfolument contraire à
fon fyſtème lui fert pour le confirmer. Il
fait plus : il n'a égard à certaines expériences qui lui font totalement oppofées,
que comme à des exceptions. C'eſt ainſi
qu'en pouſſant trop loin fes fpéculations,
& trop prévenu en faveur de fes principes, il a quelquefois débité des viſions
& des paradoxes pour des maximes aſſu-
rées. Mais non obſtant tout cela, jusqu'a
ce que nous ayons quelque chofe de meil-
leur, ce livre ne laiſſe pas que d'être de
quelque utilité à ceux qui cherchent des
lumières pour connoitre leurs talens & la
fcience à laquelle ils puiſſent s'appliquer
avec fuccès ; afin d'être un jour, dans les
emplois, utiles à leur Patrie. J'efpère
qu'on me faura gré de cette digreſſion,
qui d'ailleurs n'eſt pas étrangère à mon
fujet (*d*). Rentrons maintenant en ma-

(*d*) Je crois devoir avertir ici qu'on feroit peu aſſuré
& fouvent trompé en fe fiant fans referve aux cita-
tions de cet Auteur, auſſi bien qu'en adoptant toutes fes maximes. Il eſt fujet à caution dans l'un
& l'autre de ces deux point. Voyez l'*Apologie de
Coſtar p.* 213. Au furplus, le bon Huarte n'eſt qu'un
ridicule viſionnaire lorsque dans le quinziéme chapitre il s'aviſe de préfcrire des règles pour engen-
drer des enfans de génie, & lorsque dans la préface
il propofe d'établir à cet effet des Examinateurs
pour bien aſſortir les mariages. Néanmoins ce qu'il
projette dans le même endroit touchant l'établiſſe-

tière, & développons un peu plus nos idées sur les tempéramens & les organes, en tant qu'ils peuvent occasionner la diversité de nos talens & de notre génie, en un mot, l'inégalité des caractères de nos esprits.

Je dis d'abord que l'homme étant composé d'un corps & d'une Ame; c'est sans contredit à cet esprit qu'on doit attribuer la faculté de penser : & conséquemment les opérations de l'Ame, telles que la perception, la conscience, l'attention, la réminiscence, l'imagination, la mémoire, & la réflexion n'appartiennent qu'à elle seule. Or, les Ames étant, comme je le suppose, (*e*) égales dans tous les hommes, si bien que n'y ayant point

ment public d'hommes sages & experimentés, afin de juger des talens des jeunes écoliers pour les obliger à s'appliquer à la Science qui leur conviendroit le mieux, me paroît de beaucoup plus pratiquable.

(*e*) Il me seroit fort aisé d'alléguer ici de bonnes raisons en faveur de cette Hypothèse : mais les remarques de cet Essai ne souffrent point de Dissertations métaphysiques. Pour justifier en quelque façon ma supposition, je me contente d'observer qu'en supposant l'Ame d'un génie sublime meilleure que celle d'un esprit simple, le dégré superieur de bonté de la première Ame viendroit nécessairement de ce qu'elle seroit *plus esprit* que la seconde. Or, je laisse envisager au Lecteur l'absurdité de la supposition des Ames inégales. Quels faux & pernicieux raisonnemens ne naîtroient pas du système de l'Ame *plus esprit* & *moins esprit* ?

d'homme, à mon avis, dont l'Ame foit,
pour ainfi dire, d'une trempe plus fine
que celle d'un autre; c'eft donc dans les
corps qu'il faut chercher la caufe des différens dégrés de perfection & d'imperfec-
tion que l'on remarque dans l'exercice
des facultés de l'Ame & dans fes opérations. C'eft pourquoi appuyé de l'opinion de tous les Philofophes anciens &
modernes qui ont difcuté cette matière,
j'avance qu'il eft très-probable que le caractère de nos efprits vienne, en partie
de la difpofition de ceux des organes du
cerveau qui fervent à l'Ame pour faire
fes fonctions, & en partie du mélange des
fluides qui conftituent l'efpèce du tempérament, & qui, comme je l'ai dit plus haut,
influent fur l'efprit; quoiqu'à dire la vérité, d'une manière affez inconnue. Tel
arrangement des fibres plus ou moins de-
liées, un fang plus ou moins fertile en
efprits, produifent telle conftitution; & cette conftitution, fouffrant plus ou moins
d'énergie dans les opérations de l'Ame,
occafionne tel caractère d'efprit: c'eft à
dire, telle harmonie de talens plus ou
moins développés. Il règne d'ailleurs
une remarquable analogie de formation
& de diftinction entre les tempéramens &
les caractères d'efprit: je m'explique. Selon que le fang, la bile, le phlegme; la

chaleur, la ficcité , & l'humidité domi-
nent, naiſſent les tempéramens ſanguins,
bilieux, phlegmatiques; chauds , ſecs,
humides : le différent mélange de tout cela diſtingue les tempéramens preſqu'à
l'infini. Suivant que le jugement , la
mémoire, & l'imagination abondent, ſe
forme la diverſité des caractères d'eſprit:
& c'eſt pareillement la force inégale de
pluſieurs talens qui différencie également
ces caractères. En effet on peut dire : *autant d'hommes, autant de caractères d'eſprit*;
de même qu'on a dit: *quot capitum vivunt,
totidem ſtudiorum millia* (*f*). L'Auteur de
la Nature a fait une diſtribution inégale
de ſes dons. En répartiſſant différem-
ment les talens , il ſemble qu'il ait voulu rendre les hommes néceſſaires les uns
aux autres: car qui eſt celui qui ignore
que les beſoins mutuels ſont les vrais liens
des ſociétés ? Du reſte , pour peu qu'on
ait pratiqué le Monde ; pour peu qu'on
ait pris connoiſſance de ſoi-même & de
ſes ſemblables ; on ne laiſſera pas d'avoir
fait aſſez d'expériences ſur l'inégalité des
caractères d'eſprit, & ſur la diverſité des
talens & du génie dont les hommes ſont
doués : différence ſur-tout frappante de
Nation à Nation. Mais en n'examinant

(*f*) Horatius. Serm. II. 1.

même qu'un Collège rempli de jeunes
gens du pays, ne voyons nous pas tous
les jours que tel brille pour avoir uniquement ce qu'on appelle de l'efprit, tandis
qu'un autre a l'avantage d'une raifon fage
& modérée? Ici fe fait appercevoir le bon
fens droit & fûr; là c'eft un jugement fo-
lide & clairvoyant. Ici l'on obferve un
entendement fublime & profond; là une
conception nette & prompte. Quelques-
uns montrent une intelligence habile &
pénétrante; d'autres un difcernement
éclairé & jufte. Enfin la même inégalité
fe fait remarquer dans la privation des
talens. On diftingue la bêtife de l'étour-
derie, l'imbecillité de la ftupidité, l'incapacité de l'ineptie. Or, pour le dire
en paffant, ne feroit-ce pas choquer la
faine raifon que de prétendre que tous
ces différens caractères d'efprits font tous
également propres à traiter les affaires
d'un même emploi? Au contraire, l'expérience ne nous prouve-t-elle pas qu'on
peut avoir un génie fublime & étendu
dans une certaine fphère, fans poff   der
dans cette même fphère les talens de l'e-
xécution avec le don de l'attention, qualités fi propre & fi néceffaires dans l'exercice des emplois? Si, du refte, dans la
diftribution des talens les deffeins de la
Providence font impénétrables aux foibles

mortels; ce n'eſt pas à eux d'en chercher les raiſons: qu'ils ſe contentent d'admirer l'ordre de cette Providence, qui ne donnant pas & ne refuſant pas tout à un ſeul, diſtribue aux uns l'aptitude à bien faire certaines choſes qui ſeroient impoſſibles à d'autres, à qui Elle donne, en récompenſe, pour des choſes différentes une facilité qu'Elle a refuſée aux prémiers. Efforçons-nous donc de connoitre & de ſuivre notre deſtinée: cultivons & faiſons valoir les talens qui nous ſont tombés en partage: & gardons-nous bien de nous appliquer à ce qui n'eſt pas à la portée de nos lumières.

Le réſultat de ce que j'ai expoſé jusqu'ici, c'eſt, *que les différens talens des hommes ne dépendent pas d'eux comme s'ils étoient leur ouvrage; mais qu'ils ſont un préſent du Ciel qu'on apporte en naiſſant, & qui eſt varié ſelon que l'organiſation du cerveau & le tempérament ſouffrent plus ou moins d'énergie dans l'action de l'Ame: préſent, au reſte, dont la divine Providence fait tel partage qu'Elle juge à propos* (g). Voilà autant de vérités qu'on ſemble

ble

(g) Voyons ce que dit Saint Paul dans ſa prémiere Epitre aux Corinthiens; chap. XII. v. 8. je ne citerai que le françois: *L'un dit-il, reçoit du S. Eſprit le don de parler avec ſcience: & au v. 10. un autre le diſcernement des eſprits: un autre le don de parler diverſes langues: un autre celui de les inter-*

ble avoir oubliées, ou du moins rangées
parmi celles dont l'ufage n'eſt malheu-
reuſement plus à la mode, & dont la ri-
goureuſe pratique pourroit être ſouvent
fort inutile à ceux qui ne chercheroient
d'autre emploi que celui pour lequel ils
ſont, pour ainſi dire, nés: encore obſer-
ve-t-on que cette conduite leur ſert même
quelquefois d'obſtacle à parvenir (h). C'eſt
pourquoi quelqu'un a cru pouvoir dire
qu'il en étoit du choix des talens & de
leur réuſſite, lorſqu'ils s'offrent aux emplois auxquels ils ſont propres, comme
de ce que Regnier a dit de la bonne for-

   prêter. Or c'eſt un ſeul & même eſprit, qui opère
toutes ces choſes, diſtribuant à chacun ces dons ſelon
qu'il lui plaît.

(h) *Eſtamos a tiempo,* diſoit George de Monte Major,
que mereſer la coſa es principal parte para no alcançar-
la. C'eſt-à-dire : nous ſommes dans un tems, où la
raiſon principale pour ne pas obtenir une choſe,
c'eſt de la mériter. Je ne ſais ſi nous ſommes encore dans ce tems; mais je ſais bien qu'on dit un
jour fort ingenuement à un Voyageur qui aſſuroit
qu'il ceſſeroit de courir de lieu en lieu dès qu'il auroit trouvé une ville gouvernée par les perſonnes
qui auroient le plus de mérite : *vous mourrez donc*
en voyageant. De tout tems l'on s'eſt plaint que le
mérite des talens, celui qui devroit faire monter
un homme aux grandes charges, l'empêche ſouvent
d'y parvenir. Mais en parlant ainſi en général, il
me ſemble qu'on a grand tort ; vu que le mérite des
talens n'eſt pas encore digne des emplois, s'il n'eſt
accompagné des qualités du cœur : je veus dire ſi
d'ailleurs on fut bruſque, capricieux, indiſcret, pa-
réſſeux, timide, intereſſé, ſujet à de baſſes jalouſies, &c.

B

tune en amour (i): propofition que l'on pourroit d'ailleurs juftifier d'une infinité d'exemples, qu'on fe difpenfe de rapporter dans cet Effai.

Si, comme nous l'avons fait voir, il n'eft rien de plus évident, rien de plus conftaté par l'expérience, que l'inégalité des caractères de nos efprits & la différente·diftribution des talens & du génie; quoi de plus rare, difons mieux, quoi de moins poffible qu'un efprit univerfel? Des talens également propres à toutes les fciences & à tous les emplois doivent être rangés au nombre de ces belles idées qui éblouiffent l'imagination, mais dont on n'a jamais trouvé la réalité. Oui, de même que *Quintilien* a dit que des hommes fans aucun talent étoient auffi rares que les monftres; je crois encore pouvoir reléguer ces hommes aux prétendus talens univerfels, loin de nous, dans le pays des chimères. Cependant rien de plus commun aux brigueurs d'emplois que cette agréable mais dangereufe illufion de l'amour-propre de fe croire des génies univerfels, & d'avoir pour le moins le

(i) *L'effort fait plus que le mérite*
  Car pour trop mériter un bien;
  Souvent on n'en a rien. . . . . .
  Quelquefois l'importunité
  Fait plus que la capacité.   Stances.

talent de quelque emploi que ce foit. Si
quelqu'un en doute, qu'il me dife d'où
vient pour la plûpart, fi ce n'eft de cette
fource, la multitude des efprits déplacés,
je veus dire, des talens employés mal-à-
propos. Je prie celui qui fe trouve ici
peut-être d'un fentiment oppofé au mien
de réflechir un moment fur le train ordinaire que le Monde tient fur cet article.
S'il eft capable de faire une telle réflexion
dans toute fon étendue; il découvrira, je
m'en affûre, qu'il n'y a point de Science
pour laquelle ces prétendus génies univerfels, fi fort à la mode aujourdui, ne fe
perfuadent, en dépit même du bon fens,
(*l*) d'avoir & les talens que demande l'é-
tude raifonnée de fes élémens , & le génie qu'exige l'aprofondiffement de fes myf-
tères les plus cachés: point d'art, que
nombre d'hommes, ou poffedés de l'avarice, ou déterminés par l'ambition ou
agités par la faim, ne croient pouvoir
exercer avec beaucoup de fuccès, vu qu'ils
fe flattent d'avoir tous les talens requis à
cet effet: point d'emploi enfin, pour lequel les brigueurs d'emplois, perfonna-
ges trop communs aujourdui, ne s'ima-
ginent être faits; car ces Meffieurs n'ont
garde de douter un moment qu'ils n'aient
toutes les difpofitions d'efprit néceffaires

(*l*) *invita Minerva.*

pour s'aquitter dignement des diverses
fonctions de tous les postes imaginables.
De-là tant de superficiel dans la doctrine
d'une foule de demi-savans; tant de bou-
sillage dans la pratique des Arts; tant de
bévue, dans l'exercice des emplois: triste
spectacle, produit par l'ignorance de soi-
même. Il en est, du reste, d'un prétendu génie universel & d'un brigueur d'emplois, car l'un vaut l'autre, tout comme
d'une femme coquette & follement amou-
reuse d'elle-même, qui est toujours très-
persuadée que c'est en elle seule que toutes les beautés de son séxe se trouvent
réunies; & que par conséquent elle
ne sauroit manquer d'enflammer tous
ceux qui se présentent à ses yeux, même
les plus insensibles à ses appas, & les moins
disposés à se laisser prendre dans ses filets.
Helas! il semble qu'on se soit fait une maxime morale & politique de s'ignorer en
général, & en particulier de mécon-
noître son caractère d'esprit & ses talens,
ou de se croire génie universel. Eh! n'y
aura-t-il plus personne qui veuille s'étudier, qui veuille se sonder soi-même? (m)
Cependant la différente distribution des talens & en conséquence l'inégalité des caractères de nos esprits n'en subsistent pas

(m) *Ut nemo in sese tentat descendere! nemo.* Perseus.

moins réellement. Il ne ceſſera jamais
d'être vrai que tous les hommes ne peuvent pas tout également (n); parcequ'un
chacun n'a pas reçu tous les dons en partage: la différence parmi les hommes demeurera toûjours tellement marquée, qu'ils
ſe reſſembleront auſſi peu par les talens
de l'eſprit & les qualités du coeur que par
les traits du viſage.

Dégageons à préſent la parole donnée
à la fin de l'Introduction. Etayé de l'expérience, je poſe en fait qu'il y a des
hommes nés avec un talent déterminé
pour tel Art ou telle Science, & ſouvent
avec ce ſeul talent; & que d'autres naiſſent propres à différentes profeſſions, c'eſt-
à-dire, avec pluſieurs talens aſſez différens,
& quelquefois, en certaine façon, contraires. J'ajoûte qu'il eſt des talens dont
la force égale eſt incompatible, je veus
dire, qu'ils ne ſauroient ſe trouver en-
ſemble dans un certain dégré de perfection.
Telle eſt l'alliance d'une très-vive imagination & d'un jugement des plus ſolides:
c'eſt ainſi qu'on ne ſauroit être en même
tems d'un tempérament colère & phleg-
matique à l'excès. Or, anticipons un peu
ſur les droits de la ſeconde partie de cet
Eſſai, & remarquons ici que l'homme

(n) *Non omnia poſſumus omnes.* Virgilius.

au talent unique ne peut être propre qu'à
traiter les affaires d'un ou de plusieurs
emplois fort analogues en fonctions à la
portée de son talent : mais en revanche
il est en état de s'en aquitter avec supé-
riorité. C'est par la raison que le talent
unique se trouve ordinairement d'une telle
force qu'il constitue ce qu'on appelle génie. Au contraire l'homme à plusieurs
talens pourra exercer tous les emplois
dont les travaux s'accordent avec le caractère de son esprit : mais aussi il n'at-
teindra que la médiocrité dans l'accom-
plissement de ses devoirs. C'est que les
talens contraires unis ne sauroient être
que d'une force médiocre ; parcequ'ils
dépendent du tempérament & de l'organisation, qui, dans le même individu,
ne peuvent être contraires à un tel dégré
que de donner lieu en même tems à toute
l'énergie des opérations opposées. Il s'en
faut bien, comme on le voit assez par ce
que je viens de dire, que ces esprits in-
déterminés qui ne font propres à plusieurs
choses que parcequ'il ne font, à proprement parler, propres à rien, soient aussi
utiles dans les emplois qu'un esprit déterminé. La Nature semble avoir providem-
ment multiplié ces hommes à plusieurs talens pour suppléer à la disette d'hommes
de génie, destinés à faire des merveilles

dans leur fphère: je dis dans leur fphère; car placés hors de-là, l'expérience a
fuffifamment démontré qu'ils font de peu
d'ufage, fouvent très-inutiles, & même
felon les conjonctures, quelquefois bien
pernicieux & nuifibles. „ C'eft ainfi „ a-
„ joûte l'Abbé Du Bos (v) „ qu'une terre
„ propre à porter plufieurs efpèces de
„ plantes, ne fauroit donner à aucune
„ de ces plantes la même perfection où
„ elle parviendroit dans un terroir qui
„ lui feroit propre fi fpécialement qu'il
„ ne conviendroit point aux autres efpè-
„ ces. Une terre „ pourfuit-il „ auffi
„ propre à porter des raifins qu'à porter
„ du bled, ne rapporte ni du vin exquis,
„ ni du bled excellent. „ Comparaifon
qui fe trouve jufte dans toute fon étendue.

Mais comment faire pour connoître fon
caractère d'efprit ? me demandera-t-on
peut-être ici. Je réponds que cette recherche n'eft affurément pas des plus faciles : je conviens qu'il eft aifé de s'y mé-
prendre. Néanmoins la chofe n'eft pas
non plus fi difficile qu'on pourroit peut-
être fe l'imaginer. Notons en général,
que le panchant presqu'invincible joint
au goût jufte & affûré à l'égard de tel

(v) Réflexions critiques fur la Poéfie & fur la Pein-
ture. Tome II. p. 61.

Art, telle Science, ou tel emploi, font pref-
que toujours des indices infaillibles. Je
ne finirois pas de fitôt fi je voulois raffem-
bler ici nombre d'exemples tirés des vies
des grands-hommes dans tous les genres,
que je pourrois alléguer comme autant de
preuves de ce que j'avance. Mais je me
contente, dans cet Effai, de faire obferver que ces inclinations & ces impulfions
du caractère d'efprit font précifément dans
toute leur vigueur & impétuofité dans l'â-
ge où ceffe la contrainte de l'éducation ;
âge où les jeunes gens entrent communément dans les emplois. Il n'eft cependant
pas de la prudence de fe fier fans referve au feul panchant : il faut de plus faire épreuve de fes talens fous la direction
de perfonnes habiles & expérimentées, &
les confulter ; afin qu'il puiffent vous ou-
vrir les yeux, fi, par exemple, vous fuf-
fiez aveuglé par l'amour-propre, l'ambition, ou l'avarice. Enfin, hazardons
auffi un projet : ne feroit-il pas également
praticable & utile de laiffer pratiquer les
jeunes gens dans plufieurs Dicaftères, &
de les faire entrer fucceffivement, comme
fimples Auditeurs, dans tous les Confeils
du gouvernement, afin de les fixer enfuite, par ordre du Souverain, là où ils auroient montré le plus d'intelligence & de
capacité ?

SECONDE PARTIE.

Raiſons qui démontrent la néceſſité de conférer les Emplois ſelon les Talens avec quelques cauſes du déplacement des ſujets, & de la diſette de grands-hommes.

Si les Autorités tirées des paſſages des Auteurs anciens & modernes pouvoient être de quelque poids ici où il ne s'agit que de payer de raiſons ; je pourrois en raſſembler & en produire ſurabondamment. Mais outre que je n'ai garde de faire étalage de litérature dans ce foible Eſſai : je me paſſe d'autant plus volontiers de ces ſuffrages, qu'il ne m'eſt rien de plus aiſé, après ce que je viens de dire, que d'alléguer les raiſons qui démontrent la néceſſité de conférer les emplois ſelon les talens dans un Etat bien réglé. Je n'ai qu'à revenir ſur mes pas, & tirer les raiſons des principes que j'ai poſés. Ces raiſons s'offrent comme d'elles-mêmes : elles prouveront clairement que ce choix eſt abſolument néceſſaire, ſuppoſé que dans la diſtribution des emplois l'on ait conſtamment pour but de ne les conférer qu'à ceux qui en peuvent rendre l'exercice utile à l'Etat. Il convient même de

viſer à ce que les fonctions attachées aux
charges publiques ſoient exercées le mieux
qu'il eſt poſſible ; afin que l'Etat puiſſe retirer d'un tel exercice toute l'utilité, tout l'a-
vantage, en un mot, tout le bien qu'il eſt en
droit d'en exiger. Que ſi, au contraire, un
ſage gouvernement pouvoit ſe propoſer un
autre but dans la diſtribution des emplois :
s'il étoit fondé en raiſon comme il eſt peut-
être quelque part introduit par la coûtume,
de donner l'emploi à l'homme au lieu qu'on
devroit chercher l'homme à l'emploi : alors,
j'en conviens, mes raiſons diſparoiſſent,
& je n'aurois fait qu'un diſcours en l'air en
m'adreſſant aux Etats gouvernés de cette
manière. De tels Etats livrés entiérement
au hazard toujours aveugle, ſeroient re-
devables à ſes caprices du bon ou du mauvais exercice des emplois, & conſéquem-
ment de leur conſiſtance ou de leur ruine. Ce ſeroit proprement chez eux que
l'établiſſement de la vénalité des emplois
ſans avoir égard aux talens, ne ſauroit
être nuiſible, outre qu'il ſeroit encore
très-conforme à l'eſprit de la diſtribution
des charges. (a) Mais en voilà aſſez &

(a) La juſtification de la vénalité des emplois donnée
   par le célébre Montesquieu dans un paſſage qui tient
   de fort près à notre ſujet, eſt tout-à-fait ſingulière.
   La voici : *Platon ne peut ſouffrir cette vénalité. C'eſt
   dit-il, comme ſi dans un Navire on faiſoit quelqu'un
   pilote ou matelot pour ſon argent. Seroit-il poſſible*

peut-être plus qu'il ne faut fur ce point:
il me tarde de propofer mes raifons:
puiffent-elles produire tous les bons effets
que je fouhaite!

D'abord perfonne de raifonnable n'ofera
nier que la capacité d'exécuter quelque travail d'efprit ne dépende de l'Ame. Il n'eft
pas moins inconteftable que cette capacité
provient de l'aptitude naturelle, qui n'eft autre chofe finon la difpofition de l'efprit qui
nous rend propre à ce travail, c'eft-à-dire en
un mot, le talent. Or les travaux dont l'efprit eft capable étant, comme tout le monde
fait, très-différens; il s'enfuit naturellement
qu'ils exigent auffi des talens différens; puif-
que c'eft le talent qui fait exécuter le tra-

*que la regle fut mauvaife dans quelqu'autre emploi
que ce fut de la vie, & bonne feulement pour condui-
re une République. Mais Platon parle d'une Republi-
que fondée fur la vertu; & nous parlons d'une Monarchie. Or, dans une Monarchie où, quand les
charges ne fe vendroient pas par un reglement public,
l'indigence & l'avidité des Courtifans les vendroient
tout de même; le hafard donnera de meilleurs fujets
que le choix du Prince. Voy. l'Efprit des loix, liv.
V. chap. 19 Qu'il me foit permis d'obferver ici
que cette derniere fuppofition purement gratuite, eft
en effet injurieufe aux Souverains. Pourquoi le
choix d'un Prince ne vaudroit-il pas feulement l'effet du hazard? comme s'il étoit démontré que les
Souverains n'ont jamais égard au mérite dans la
diftribution des emplois. Point du tout: éloignez
l'impofture, les intrigues, les cabales, & l'intérêt
particulier du Trône, & il ne fera plus un rocher
inacceffible au mérite.*

vail d'esprit en donnant la capacité requise. Il faut donc absolument avoir le
talent de l'emploi qu'on doit exercer,
pour être en état d'exécuter le travail d'esprit attaché à cet exercice. Le moyen
sans cela, de bien faire ce qu'on n'est pas
en état de faire? Aussi soûtenir la possibi-
lité de s'aquitter dignement d'un emploi
dont on n'auroit pas le talent, ce seroit
prétendre qu'on peut voir sans yeux, &
que ceux qui souffrent la myopie, c'est
à dire, qui ont la vue naturellement cour-
te, peuvent pourtant sans autre secours,
tout comme ceux que les Médecins nom-
ment Presbytes, discerner les objets placés dans la distance la plus éloignée. Ce
seul raisonnement bien approfondi seroit
déjà suffisant à démontrer la nécessité d'ad-
apter les talens aux emplois dans un état
bien réglé: mais j'ai encore deux grands
préjugés à combattre: d'un côté, c'est l'o-
pinion de pouvoir aquérir, moyennant
l'application, les talens que la Nature ne
nous a point donnés; de l'autre c'est la
persuasion d'avoir tous les talens & d'ê-
tre génie universel: préjugés des plus
communs, des plus forts, & des plus dan-
gereux. Attaquons ces monstres de toutes nos forces, terrassons-les, s'il est possibles; anéantissons les totalement; & en
désillant les yeux à tous ceux à qui ces

ennemis de la Nature avoient offufqué la vue, guidons l'homme à la connoiſſance de foi-même, & perſuadons de plus en plus les Souverains & leurs Miniſtres de la néceſſité de choiſir les talens dans la diſtribution des emplois.

Je commence par dire que ſi, comme je l'ai fait voir dans la *premiere partie*, le caractère de nos eſprits dépend en partie des organes du cerveau, & en partie du tempérament; il eſt évident qu'il ne nous eſt pas plus poſſible de changer la configuration & la diſpoſition de nos organes, auſſi bien que notre conſtitution & notre tempérament, que de changer la conformation & la configuration des muſcles & des cartilages, auſſi bien que les traits qui compoſent notre viſage. En effet, que ne diroit-on pas d'un inſenſé qui prendroit toutes les peines imaginables pour ſe donner un tour de viſage & des linéamens tout contraires à la figure qu'il a reçue de la Nature? Diſons-en autant de l'entrepriſe également impoſſible de celui qui prétendroit ſe donner le génie & les talens dont il ne ſeroit pas doué. Il y a plus: à force de vouloir être ce qu'on n'eſt pas, on ceſſe d'être ce qu'on a été: car de même que le fard & je ne ſais combien d'autres pernicieux ſecours de l'Art pour effa-

cer la Nature gâtent les traits naturels ;
L'esprit qu'on veut avoir gâte celui qu'on a (b).
Pouſſons maintenant plus loin ce raiſon-
nement. S'il n'eſt donc pas en notre pouvoir de changer nos talens & de nous en
donner d'autres, parcequ'ils ne ſont pas
l'ouvrage de l'homme, mais des dons de
Dieu que nous apportons en naiſſant, &
que l'exercice développe; c'eſt par con-
ſéquent une grande abſurdité, que de ſoû-
tenir qu'ils s'aquierent moyennant l'étude & l'éducation. J'oſe m'inſcrire ouver-
tement en faux contre tous ceux qui, faute de diſtinguer le développement de l'a-
quiſition, perſiſteroient dans l'opinion
que l'on peut ſe donner par l'application
tel talent qu'on veut, & qu'on n'a pas
reçu de la Nature. Les eſprits les plus
foibles ſont en état d'appercevoir la fauſ-
ſeté de ces raiſonnemens. Il ſuffit, pour
cela de ſentir l'évidence de ce principe:
que l'étude eſt, à la vérité, auſſi néceſſaire au développement du talent que la cul-
ture de la terre l'eſt à la production de la
plante: mais auſſi que vouloir étudier ſans
talent, ce ſeroit cultiver ſans ſemence.
Ainſi il demeurera toujours certain, quoiqu'on en diſe, que la bonne éducation
& les études des choſes qui ſont à la portée du caractère de notre eſprit ſont ceux

(b) Greſſet, dans la Comédie intitulée le *Méchant.*

qui font eclorre & fleurir ce germe qui
eſt en nous: la mauvaiſe éducation, au
contraire, en nous éloignant de toute
étude, ou en nous contraignant à nous
appliquer à ce qui eſt au-delà de la portée de nos talens, empêche l'épanouiſſe-
ment de cette fleur. Mais il eſt évident
que la meilleure éducation ne ſauroit per-
fectionner & développer les talens que
Dieu nous a refuſés; & que la plus mauvaiſe ne ſauroit nous dépouiller entiérement de ceux qui ſont nés & qui ſubſiſtent
avec nous. Encore un coup, on a beau
étaler des raiſonnemens ſpécieux, on a
beau citer des exemples, jamais on ne par-
viendra à prouver que l'éducation & la
continuelle application puiſſent donner
de l'eſprit à ce que nous appellons une
bête ou un âne; de la raiſon à un hébeté;
du bon ſens à un ſot ; du jugement à un
étourdi; de l'entendement à un imbecile;
de la conception à un ſtupide; une bonne
mémoire à celui qui en manque naturellement; & qu'elles aient la force de changer l'incapacité en intelligence; l'ineptie
en talent ou en génie. Si tel qui a paru
longtems être des plus ſtupides aquiert
enfin, moyennant l'application continuelle, une conception des plus promptes,
c'eſt préciſement une preuve qu'il n'étoit
pas né ſtupide, c'eſt à dire, que le dé-

faut ne venoit pas de la Nature du fujet.

C'eſt encore une abſurdité toute ſem-
blable à celle que je viens de refuter, que
de croire que la pratique de pluſieurs années dans un emploi vous en donne enfin
le talent, quoique vous ne l'euſſiez pas
reçu de la Nature. Ne nous y trompons
pas : la pratique de pluſieurs années nous
peut bien à la longue mettre au fait
de la *routine*; puisque celle-ci s'aquiert
moyennant la ſeule mémoire commune à
presque tous les hommes : mais elle ne
pourra jamais nous donner le *talent*, qui
dépend, comme nous l'avons fait voir,
de l'organiſation & du tempérament; Au
ſurplus l'expérience démontre aſſez qu'il
s'en faut bien que la routine de l'emploi
vaille le talent de l'emploi. On voit tous
les jours dans les ſéances d'un Conſeil l'in-
utilité des vieux Conſeillers par routine,
& les bons ſervices des jeunes Conſeillers
à talens ; tant la Nature, l'emporte ſur
l'Art. O ! que cette maxime eſt juſte : *na-*
tura facit habilem, ars facilem, uſuſque poten-
tem !

J'ai dit, il n'y a qu'un moment. qu'on
ne peut être génie univerſel. Nos eſprits ſont donc bornés par la conſtitution

tion phyſique du ſujet : chacun a ſes li-
mites qu'il ne peut franchir : tous les
talens ne ſe trouvent point dans un ſeul
homme. Ce n'eſt pas que je nie l'exiſten-
ce de quelques eſprits fort étendus qui
approchent en du génie univerſel : dans
tous les ſiècles on a vu de ces phénomènes. Je ſoutiens ſeulement que ce qu'on
appelle vulgairement un eſprit univerſel
n'eſt en effer qu'un homme à pluſieurs talens : un eſprit reſſerré dans des bornes
moins étroites que celui des autres : & j'en
conclus que, quelque étendue d'eſprit
qu'on puiſſe avoir, on ne ſera jamais également
ment propre à exercer tous les emplois, de
même qu'on ne ſauroit être également fait
pour l'étude de toutes les Sciences & pour
la pratique de tous les Arts & Métiers.

Récapitulons à préſent en peu de mots
les raiſons qui démontrent la néceſſité de
conférer les emplois ſelon les talens dans
un Etat bien réglé, & joignons-y le réſultat que la ſaine raiſon en fait naitre.
Je dis donc que ſi l'on entend que l'exercice des emplois ſoit véritablement utile
à l'Etat, il eſt indiſpenſablement néceſſaire que les gens en places aient reçu de
la Nature les talens de leurs reſpectifs emplois : par la raiſon que les travaux d'eſprit que la charge exige ne peuvent être

bien exécutés que moyennant le talent;
par la raison qu'il nous est impossible de
modifier à notre gré le caractère de notre
esprit en nous donnant un autre talent que
celui que la constitution physique souffre;
par la raison qu'il seroit en vain qu'en
dépit de la Nature l'on travailleroit à se
donner par une forte application ou par
une longue pratique d'autres dispositions naturelles ; par la raison enfin
qu'il n'existe point de génie universel.
Le résultat de tout ceci, c'est: qu'il faut
en conséquence choisir l'homme pour l'emploi, en ajustant les talens aux affaires:
que plus ces affaires sont importantes ,
plus il convient être attentif & scrupuleux dans cet assortiment: & qu'il seroit
très-pernicieux de placer les hommes dans
les emplois comme on mets les soldats en
faction. Il est indifférent au corps d'être
posé dans tel ou tel endroit ; mais il n'est
guères indifférent à l'esprit d'exécuter tel
ou tel travail. Eh! peut-il y avoir quelqu'un qui ne sente l'essentielle différence
des Services exigés d'une sentinelle &
d'un homme dans un emploi? (c)

J'ajoûte, par forme de corollaire mo-
ral, que le Citoyen qui, connoissant le

(c) Qu'on se ressouvienne ici sur-tout de l'acception
du mot *emploi* dans cet essai.

caractère de son esprit , rechercheroit
pourtant un emploi dont il sauroit de ne
pas avoir le talent, feroit une action très-
blâmable & seroit en conséquence respon-
sable du mal qui naitroit de son déplace-
ment. Celui pareillement qui , abusant
du pouvoir qu'il auroit sur les actions d'un
autre , le contraindroit d'accepter & d'e-
xercer un emploi dont les fonctions se-
roient en disproportion avec ses qualités
d'esprit & de coeur , feroit sans contredit
une action très-injuste , & chargeroit également sa conscience. Aussi, dit l'illustre
Puffendorf „ ne doit-on pas blâmer un
„ homme comme s'il avoit enfoui ses talens
„ si après avoir recherché par des voies
„ légitimes un emploi , où il auroit pu
„ les faire valoir, il auroit echoué dans sa
„ poursuite „ &, pourroit-on ajoûter, s'il
n'eut pas accepté un autre emploi qu'on
vouloit lui donner, mais pour lequel il
ne se sentoit point d'aptitude: ce qui n'est
qu'une conséquence qui découle nécessairement de la proposition précédente. „ Il
„ y auroit de la cruauté „ poursuit plus
bas le même Auteur „ à exiger de quel-
„ qu'un une chose qui est & qui sera
„ toûjours au dessus de ses forces „ & tel
est justement le cas d'un homme de qui
l'on exigeroit qu'il s'aquittât des devoirs
d'un emploi dont il n'auroit pas le talent.

C 2

„ Il feroit injufte „ dit-il encore, „ de
„ géner la liberté naturelle de ceux à qui
„ l'on préfcrit de faire quelque chofe,
„ fans qu'il en revint aucun profit à per-
„ fonne. (d) „ Je demande à quoi eft
bon un génie déplacé? Comment pourroit-il exécuter le travail d'efprit qu'e-
xige l'emploi dont il n'a pas le talent?

Je viens d'expofer ce que la vraie &
faine raifon nous préfcrit touchant la néceffité de conférer les emplois felon les
talens: voyons à préfent comment on fuit
quelquefois, & peut-être communément,
ces principes dans la pratique. Suppo-
fons qu'un emploi vient à vaquer: que
fait-on alors? Loin d'examiner fcrupu-
leufement, comme il conviendroit dans
une affaire auffi intéreffante, fi les devoirs
de l'emploi qu'on recherche peuvent être
dignement remplis par le Candidat, je
veus, dire fi le travail d'efprit qu'exige
l'exercice des fonctions de cet emploi eft
à la portée de fes talens ; fi cet exercice
n'eft pas en oppofition avec fes qualités
du cœur ; s'il eft conforme aux études
qu'il a faites & aux connoiffances aqui-
fes: loin d'examiner, dis-je, ces points auffi
importans à la confcience, à l'honneur,

(d) L'Homme Citoyen. I, §. 22.

au bonheur du prétendant , qu'au Bien
de l'Etat; la place n'eſt pas plutôt vacan-
te , que les Pères la deſtinent à leurs
fils, les Protecteurs à leurs protégés. De
bonne foi , quels peuvent être à peu près
les diſcours & les motifs de perſuaſion des
uns & des autres dans cette conjoncture?
re? (e) ,, Tachez mon fils d'obtenir cet
,, emploi: il eſt honorable: il eſt lucra-
,, tif: que j'aie la ſatisfaction de vous voir,
,, avant ma mort , revêtu d'une charge
,, publique ,, diront peut-être certains
Pères à leurs fils: à des fils qu'ils chériſ-
ſent ordinairement plus qu'ils ne les con-
noiſſent, & à qui ſouvent ils laiſſent à
peine le tems d'être initiés dans les éco-
les, que l'impatience de les voir conſti-
tués en dignité les en rappelle auſſitôt
qu'ils ont terminé le cours des études,
pour les engager dans les emplois les plus
importans, où avant que leur eſprit ſoit
formé , l'on ſe plait bien ſingulièrement

(e) Ce que je vas dire ici touchant certains Pères &
certains Protecteurs eſt, ſans contredit , du moins
poſſible, & ne diminue pourtant en rien leurs bonnes intentions. C'eſt tout ce que je vous indiquer
dans ce qui ſuit. Ce n'eſt pas aſſurément que je ne
ſache que pluſieurs Villes renferment aſſez de Pé-
res qui font les délices de leur famille , & aſſez de
Miniſtres , Protecteurs zélés du mérite, l'ornement
& le ſoûtien des Etats. Ah! que je m'acquitterai
avec plaiſir d'un témoignage public de ma recon-
noiſſance envers de telles perſonnes, s'il me conve-
noit de les nommer ici.

C 3

à les voir accablés de fonctions. Que si le
jeune homme assez sage pour se connoître,
objecte qu'il ne se sent encore nullement
propre à s'aquitter des devoirs de l'emploi qu'on lui propose, & que d'ailleurs
le penchant le porte à tout autre genre
d'affaires, qui semble plus être du ressort
de ses talens, & où il a dejà aquis quelques connoissances ; il y a sur cela ordinairement deux sortes de réponses de la
part de ces Pères. Ou leur fils est taxé
d'avoir peu à coeur ce qu'on nomme alors
fort improprement point d'honneur ; on
l'accuse en conséquence d'être noncha-
lant & de vouloir mener une vie oisive &
inutile à la Patrie ; ou bien si l'on est plus
doux „ la chose n'est pas de beaucoup si
difficile que vous vous l'imaginez „ lui dira-
t-on „ quelques années de pratique
„ vous mettront au fait de tout ce qui est
„ requis pour exercer dignement votre
„ emploi. „ Comme si l'on pouvoit apprendre une chose pour laquelle on n'a
point le talent requis, & à quoi par conséquent on n'est point du tout propre. Ce
seroit cependant de cette façon, ce me
semble, que la trop grande ambition,
le désir immoderé de richesses, & l'a-
mour mal-entendu de certains Pères les
porteroient à exiger en effet de leurs fils
des actions contraires à la raison, dan-

gereuſes pour eux , & nuiſibles à l Etat.
Convenons d'ailleurs que la conduite d'un
tel Père vis-à-vis de ſon fils eſt remplie
d'un ridicule complet. J'aimerois autant
qu'on prétendit gouter des fruits d'un ar-
bre qui fleurit encore, & qu'on s'attendit
à voir porter des ceriſes à un pommier,
ou des raiſins à un figuier. C'en eſt aſſez dit des Pères : examinons à préſent
les diſcours poſſibles de certains Protecteurs. „ Il y a longtems que je cherche
„ un emploi pour vous: mais l'occaſion
„ m'a manqué : je n'ai rien trouvé de va-
„ cant: il ne m'a pas été poſſible de vous
„ placer jusqu'ici: la mort de . . . vous
„ ouvre enfin la charge qu'il occupoit:
„ je tâcherois donc de vous la faire obte-
„ nir „ dira peut-être tel Protecteur à
ſon protégé; à un homme, dont il ſe peut
qu'il ne connoiſſe guères ni le caractère
d'eſprit, ni les qualités du coeur. Que
ſi par haſard le protégé , aſſez eclairé
pour connoitre le caractère de ſon eſprit
& en appercevoir la diſconvenance avec
les fonctions de l'emploi qu'on lui deſti-
ne, avoue franchement qu'il n'a ni l'aptitude naturelle ni les connoiſſances requiſes pour l'exercer dignement; il n'y
a pareillement d'ordinaire que deux ſor-
tes de réponſes. Ou l'on s'offenſe de cette ingenuité, & la protection ceſſe; ou

bien si l'on s'intéresse plus vivement en
faveur du protégé : „ Eh! vous feriez
„ très-mal de laisser echapper cette belle
„ occasion de vous placer „ lui replique-
ra-t-on avec chaleur : „ vous avez un tort
„ infini de différer d'accepter un emploi
„ jusqu'à ce que vous puissiez en avoir un
„ de ceux que vous croyez vous conve-
„ nir uniquement. Si vous vous y pre-
„ nez de cette façon; vous n'aurez vrai-
„ semblablement point d'emploi tant que
„ vous vivrez. Apprenez que ce n'est
„ pas à vous à choisir, & que dans la re-
„ cherche des emplois il faut saisir le pré-
„ mier qui s'offre, & que l'on veut bien
„ vous donner. Du surplus sachez qu'un
„ jeune homme doit se faire à tout, & se
„ rendre capable de servir tout par tout
„ où le hazard lui ouvre la carrière. „
En effet c'est autant que si l'on eut dit:
sachez que vous devez être un esprit universel: apprenez qu'il est de votre devoir d'aquerir tous les talens qu'exige
l'exercice de tous les genres d'emploi:
il doit vous être indifférent & également
aisé d'exécuter tel ou tel travail d'esprit:
& maintenant qu'on vous destine a remplir l'emploi de.... donnez-vous le discer-
nement, la pénétration, la sagacité, le jugement, la mémoire qu'il vous faut pour
en remplir tous les devoirs avec honneur

pour vous & à l'utilité de la Patrie. Hélas! ce seroit donc de cette manière que de jeunes gens pourroient se trouver dans le cas d'être presque forcés de prendre des emplois pour lesquels ils ne se sentiroient pas capables, & pour lesquels ils auroient une aversion invincible : aversion qui est une marque non équivoque du défaut de talent, qui se fait toujours sentir par une impulsion de la nature, qu'on appelle penchant & goût pour quelque chose. Oui, je le repète, cette manière d'engager une homme à prendre un emploi malgré-lui, est très-possible. L'on sait ce que peuvent la Nécessité, l'Autorité, l'Ambition, l'Avarice : leur eloquence n'est que trop persuasive : elles parviennent souvent & sans peine à nous aveugler sur nos propres intérêts. Ajoutez qu'à l'égard d'un jeune homme il n'est pas étonnant que l'inexpérience même & la timidité de la jeunesse le rendent incapable d'une certaine fermeté dans ces conjonctures, & fassent qu'il se prête avec moins de répugnance à de semblables discours, tenus par ses Parens ou par ses Protecteurs.

Après ce qu'on vient de lire, je m'imagine qu'on ne s'étonnera plus de la multitude de personnes déplacés dans les emplois. Eh! qui le sait? Il se pourroit

bien que parmi les autres caufes du déplacement des fujets & de la difette de
grands-hommes, celles que je viens d'indiquer ne fuffent pas les moins fréquen-
tes. Quoiqu'il en foit, je ne doute point
que tout homme raifonnable ne fe per-
fuade fort aifément, qu'en réformant ju-
dicieufement l'ancien abus par lequel les
hommes font plutôt deftinés par leur famille ou par leurs Protecteurs, qu'ils ne
fe deftinent eux-mêmes felon leur inclination & leurs talens, on diminueroit de
beaucoup le nombre des perfonnes déplacés dans les emplois. On tombera auffi d'accord, je penfe, qu'en apportant,
généralement parlant plus d'attention à
l'affortiment des talens aux emplois dans
la diftribution que l'on en fait, on verroit
par exemple (*f*) plus de Richelieus, plus
de Mazarins, & plus de Colberts; & dans
le militaire, plus de Louvois, plus de
Turennes, & plus de Condés qu'on n'en
voit maintenant. Car enfin ces hommes

(*f*) Je dis *par exemple*; car à Dieu ne plaife qu'on
s'imagine que je fais ici la critique de quelque Etat
en particulier. Je crois avoir fuffifamment obvié à
de femblables imputations par ce que j'ai dit dans
la Préface: d'ailleurs chaque page de cet Ecrit, qui
ne contient partout que des expreffions vagues &
générales, fait foi de la pureté de mes intentions.
Je ne me fuis fervi des noms de ces grands hommes
que parcequ'ils font connus de tout le monde, & qu'ils
conviennent mieux dans la Langue où j'écris ceci.

illuftres n'étoient affurément point des Phénomènes: ce ne fut que l'heureux af-fortiment de leur génie & de l'emploi qu'ils exercèrent qui les fit tant briller. Pour nous convaincre de ce que j'avance, mettons pour un moment Richelieu ou Mazarin en place de Condé; Colbert au lieu de Turenne: examinons enfuite foig-neufement le caractère d'efprit & de coeur de chacun: cherchons en la convenan-ce aux emplois que nous leur fuppofons: & il n'y aura perfonne, je m'affure, qui penfe que ces grands-hommes ainfi placés euffent également réuffi. J'en conclus qu'on a tort de dire que la Nature eft avare dans la production d'hommes de gé-nie. Point du tout. C'eft l'ufage qu'on fait de fes talens fans confulter la Nature qui en empéche l'effor: c'eft le déplace-ment qui les rend inutiles. Il n'y a point de difette réelle de grands-hom-mes: chaque Ville, n'en doutons pas, en renferme autant qu'il en faut, & peut-être furabondamment. Mais outre que beaucoup de génies font fouvent placés mal-à-propos, & par la mis hors d'état de rendre d'importans fervices ; de forte qu'ils reftent ignorés & confondus avec le vulgaire, au lieu qu'ils feroient affu-rément devenus de grands Miniftres s'ils avoient été employés felon leurs talens;

il y en a plusieurs qui demeurent comme étouffés, soit faute d'éducation (*g*), soit faute de Protecteurs (*h*), soit faute de moyens & de circonstances pour se produire & sur-tout pour parvenir aux emplois qui conviennent au Caractère de leur esprit (*i*). Combien de ceux, par

(*g*) L'Empereur Marc-Aurèle s'étend fort au long, dans le premier livre de ses *Reflexions morales*, sur l'excellence de son éducation ; par laquelle ses talens & ces germes d'équité & de droiture qu'il tenoit de la Nature ont été determinés au développement. Son penchant pour le solide & pour l'utile l'y porte entre autres à rendre graces aux Dieux, *de n'avoir pas permis qu'il ait fait un plus grand progrès dans la Rhetorique, dans la Poëtique, & dans toutes les autres Sciences de cette nature ; parceque, dit-il, ils m'auroient peut-être retenu par leurs charmes, si j'y avois mieux réussi.* Il reconnoit pour une grace toute particulière de ces mêmes Dieux, de s'être *souvent appliqué à connoitre véritablement quelle est la vie la plus conforme à la Nature.* Ce Prince Philosophe qui a constamment fait l'admiration de ses contemporains vertueux, & mérité l'hommage de la posterité, nous fournit un brillant exemple des fruits d'une éducation conforme aux dispositions naturelles.

(*h*) Quelqu'un a dit assez judicieusement qu'il y avoit dans le monde beaucoup de soux qu'on estime, beaucoup de terrein qu'on néglige, & beaucoup de mérite sans protection. Combien d'exemples ne pourroit-on pas produire nommément sur ce dernier article ?

(*i*) Il en est tout de même des causes de la disette de grands-hommes dans les Sciences & dans les Arts. Levez tous ces obstacles ; & vous verrez bientôt plus d'un Cicéron & un Démosthène : plus d'un Homere & un Virgile : plus d'un Euclide, un Ticho-

exemple, qui doués des qualités de l'esprit & du coeur les plus propres aux affaires d'Etat, doivent cependant rester cachés, parceque la naissance ou le défaut des biens de la fortune les empêche de parvenir à cette espèce d'emploi? Combien d'autres qui, nés dans des conditions plus élévées, & capables d'ailleurs d'exercer eminemment tel emploi, manquent de certains talens nécessaires qui peuvent le leur faire obtenir? En effet c'est un talent à part qui dépend beaucoup des qualités du coeur & de l'usage du monde, que celui de savoir s'insinuer, se produire, & même d'être importun à propos. Il y a plus. Quelquefois la noblesse même des sentimens & les meilleures qualités du coeur souvent compagnes des grands talens, détournent précisément de la route oblique qui conduit au poste qu'on désire.

Ce sont là autant de causes de la disette de grands-hommes, autant d'obstacles qui empêchent l'essor des talens, & qui privent les Etats de l'utilité qui leur en pourroit revenir. Quelques-uns d'entre eux pourroient & devroient être levés,

Brahé, & un Copernic: plus d'un Leibnitz, un Mallebranche, & un Wolf: plus d'un Corrège & un Michel-Ange.

d'autres font, à la vérité, presqu'invincibles. Il y en a encore un furtout contre lequel on fe déchaineroit envain & qui ne fauroit être dépeint avec des couleurs affez noires. Je veus parler ici de la fainéantife, de la nonchalance..... Mais que pourrois-je dire d'affez abominable contre ces malheureux fainéans (car ils ne méritent point d'autre titre) qui avec les plus beaux talens & avec tous les moyens convenables pour parvenir à un emploi où ils euffent pu les mettre à profit, préférent cependant une vie oifive & indolente où ils croupiffent dans l'inaction & dans la pareffe, au devoir effentiel de fervir la Patrie : gens véritablement indignes de fa protection, indignes des biens dont ils jouiffent, indignes de la vie même, qu'ils devroient plutôt, s'il étoit poffible, ceder à ceux qui favent mieux l'employer (l). Je n'ai pas honte d'avouer que je ne faurois trouver des expreffions affez énergiques pour repréfenter à mon gré la turpitude d'une vie, ou pour mieux dire, d'une léthargie femblable. J'aime mieux tirer le rideau fur ces indignités & laiffer ces nonchalans en proie aux remords de leur confcience.

(l) *Vivere fi recte nefcis, difcede peritis*, dit très-bien Horace.

Quel compte n'auront-ils pas à rendre des talens qu'ils ont reçus du Ciel, non pour les enfouir, mais pour les faire valoir autant qu'il eſt en eux ? Ne ſavent-ils pas que le Citoyen n'eſt pas tout à ſoi-même ? Peuvent-ils ignorer que la Patrie a des droits ſur notre tems, ſur nos biens, ſur nos talens, ſur nos enfans, ſur notre vie, & que

Les jours de l'honnête-homme au conſeil au combat.
Sont le vrai Patrimoine & le Bien de l'Etat (m).

(m) Greſſet dans la Comédie intitulée *Sydnei.*

TROISIEME PARTIE.

Différentes conséquences qui résultent de la convenance ou de la disconvenance des talens aux emplois.

J'AUROIS beau mettre mon esprit à la torture ; j'aurois beau épuiser tout ce qui se trouve dans les vies des grands-hommes, & citer tous les exemples connus par l'Histoire : il y a plus : si je savois tous les faits arrivés depuis la Création du Monde jusqu'à nos jours & rélatifs à mon sujet ; j'aurois beau les rassembler ici : jamais je ne pourrois donner, dans toute son étendue, un détail parfait des biens & des maux qui peuvent naitre de la convenance ou de la disconvenance des talens aux emplois. Eh ! comment pourroit-on prévoir tous les cas possibles ? Mais il est des conséquences générales qui se présentent naturellement à la moindre réflexion. Telles sont à peu près celles que je vais maintenant exposer. Je serai si concis qu'il restera partout un champ assez spacieux aux pensées du Lecteur. Le moyen de tout dire sans ennuyer ?

Je

Je trouve à propos de commencer par la confidération d'un Etat gouverné par des perfonnes conftituées dans des emplois dont ils n'ont point les talens: ce qui les rend, comme nous l'avons fait voir tout à l'heure, abfolument incapables d'en bien faire les fonctions. Pour peu qu'on foit capable d'un certain examen, on verra fans peine qu'un tel Gouvernement donneroit lieu à une multitude bévues également funeftes à l'Etat & aux gens en place. D'abord faute de l'efprit du Barreau & de la Procédure dans le Palais, combien d'injuftices criantes, d'affaires trainées en longueur, de caufes indécifes ; & fans parler d'une infinité d'autres inconvéniens , quelle Législation dans ce Tribunal ? quelles Loix contraires à la faine raifon & à la Nature des chofes ? Faute d'un certain talent d'Oeconomie qui fait mettre tout à profit & trouver partout de l'avantage, combien de négligences pernicieufes, de projets fomtueux & inutiles , d'entreprifes ruineufes ; quelle Oeconomie dans l'Adminiftration des finances ? Quelle face prendra le Commerce dirigé par ceux qui n'en ont point l'efprit ? il ne fauroit préfenter que des arrangemens fe détruifant les uns les autres, fouvent contraires à l'intérêt de l'Etat , & quelquefois

D

bien fingulierement ridicules. Faute de
l'efprit fyftématique, quelle confiftance,
combien de faux principes & de maximes
pernicieufes dans le fiftème du Gouvernement? fource d'une infinité de défordres
& de maux civils & politiques. Enfin dans
le Cabinet, combien de projets mal - ar-
rangés & manqués, de contre-tems acca-
blans qui auroient pu être prévus, d'alliances & de négociations contraires aux
vrais intéréts de l'Etat, faute de la fineffe
& de la fagacité d'efprit, faute de ce coup
d'œil heureux & perçant, & d'autres qualités du cœur requifes dans un habile Négociateur? De-là des guerres fanglantes:
& dans ces guerres, fans une toute par-
ticuliere affiftance du Ciel, combien de
plans mal conçus, d'occafions favorables
manquées, de fiéges mal - conduits, de
villes & de battailles perdues les unes fur
les autres? faute des talens requis pour
le commandement des Armées dans les
Chefs & de ceux d'exécutions des ordres
dans les Officiers. Helas! j'apperçois la
ruine de cet Etat; & j'en trouve la vraie
caufe dans la difconvenance des talens aux
emplois (a).

(a) Quelquefois la perte de l'Etat vient effectivement
d'un feul homme dont les talens ne s'accordent
point avec l'emploi qu'il exerce. Un homme dans
un pofte éminent à la tête d'un genre d'affaire, eft
au Gouvernement ce qu'eft une partie relativement

Jettons maintenant un coup-d'oeil fur le trifte & fouvent bien malheureux état de celui qui exerce un emploi dont il n'a point le talent (*b*). Semblable à un jardinier qui prétendroit faire naitre des Jonquilles ou des Tulipes fans le fecours de leurs oignons, ce feroit vainement qu'il efpéreroit de réuffir: car fans le germe des travaux d'efprit qui eft le talent, comment pourroit-il en produire les effets? Plus il feroit zélé pour le fervice de fa Patrie, plus il auroit fujet de s'attrifter en fe voyant incapable de lui être utile. De-plus, fes occupations deviennent fon mar-

à un Tout organifé. Il en eft d'un Etat comme d'une Montre: fi quelque roue fe dérange; fi elle eft mal placée; la mefure du tems fera troublée ou fufpendue. Si quelque Miniftre occupe un emploi dont il n'a point le talent: le gouvernement eft dérangé, le Bien public en fouffre, ou fe perd entierement: l'Etat n'eft plus alors que l'image d'une montre qui tantôt avance, tantôt retarde, tantôt s'arréte, ou qui eft tout-à-fait détraquée.

(*b*) Je n'ai ici en vue que tel qui connoit fes talens, mais que les circonftances ont malheureufement forcé de rechercher ou d'accepter un emploi pour lequel il n'a point les difpofitions naturelles requifes. Pour ce qui concerne ceux qui méconnoiffent le caractére de leur efprit, ou qui croient bonnement avoir des talens univerfels; ils ne peuvent entrer dans mon plan: on ne peut que les plaindre de ce qu'ils font dans un continuel aveuglement: toujours prévenus en leur propre faveur, & toujours contens d'eux-mémes, ils ne s'apperçoivent pas feulement qu'ils fon déplacés. Le moyen de les détromper, fi, lors même qu'ils s'aquittent le

tyre : fon efprit loin de s'y prêter y ré-
pugne : il eft conféquemment dans la
cruelle néceffité de fe faire de continuelles
violences. Cependant quelque obftinées
que puiffent être fes fatigues ; elles font, je
le repète, à pure perte : il eft abfolument
impoffible qu'elles puiffent jamais parvenir à faire exécuter à l'efprit l'efpèce de
travail auquel il n'eft pas naturellement
propre. Je me repréfente l'homme qui
s'efforce de s'aquitter dignement des fonctions de fon emploi, malgré qu'il n'en ait
pas le talent, comme étant en continuelle mais inutile guerre avec lui-même. Il
fe livre de violentes attaques, où il eft
toujours repouffé : fans ceffe il revient à
la charge : il fe preffe de toutes fes forces :
mais envain : il ne gagne rien à tous ces
combats : tant il eft vrai que lutter contre
la Nature, c'eft, pour m'exprimer avec
Ciceron, faire comme les Géans la guerre aux Dieux (c). Au refte, tant de bévues qu'il ne fauroit manquer de faire,
& dont il ne s'apperçoit fouvent que trop
tard, ne peuvent qu'apporter du trouble

plus pitoyablement de leurs fonctions ; ils ne laif-
fent pourtant pas de s'écrier intérieurement : *voilà
qui eft bien !* Que ces hommes font foux ! & qu'il y
en a plufieurs qui leur reffemblent !

(c) *Nam quid aliud eft Gigantum more bellare cum
Diis, nifi naturae repugnare ?*

dans fa confcience, & en bannir la rant-
quillité. Sans le calme intérieur, le moyen qu'un infortuné de cette nature puif-
fe goûter un moment de vrai repos? Non,
fa vie ne peut être qu'un fombre tiffu de
foucis & de chagrins, à moins qu'il ne
renonce à fon emploi: cruelle alternative,
fi les circonftances lui rendent la charge
néceffaire pour fubfifter. Obfervons encore que d'un côté les peines infinies qu'il
doit fe donner dans fon rebutant travail,
fans en retirer pourtant la fatisfaction
de fe voir réuffir comme fes Collegues
qui ont le talent de l'emploi; de l'autre
côté, la honte de l'humiliant rôle d'Ide-
mifte qu'il eft tous les jours obligé de
jouer, faute de pouvoir trouver dans fon
efprit les reffources que les autres y trouvent, font autant de tentations prefqu'invincibles qui le portent infenfiblement,
& en quelque façon malgré-lui au relâ-
chement, & enfin à la négligence de fes
devoirs. Or, tout le mal qui peut naî-
tre d'une femblable négligence fe fait appercevoir aifément fans que j'en donne
le détail. Il eft pareillement aifé à com-
prendre que le mépris qu'on témoigne en
toute occafion à celui qui n'eft d'aucune
utilité dans un Confeil, abrutiffant de
plus en plus fon efprit & lui rongeant le
cocur, le rend à la longue à charge à lui-

même comme il l'eſt à l'Etat. Helas!
combien d'amertumes dans une vie ſem-
blable? Mais ce n'eſt pas tout encore. Le
comble du malheur d'un eſprit déplacé,
c'eſt lorsque ſon inſuffiſance ou ſa négligence portée aux oreilles du Souverain
deviennent publiques, de ſorte que le
Souverain juge à propos de le priver de
ſon emploi. Ciel! quel deshonneur!
quel ſujet d'affliction! quel coup accab-
lant pour lui, pour ſa poſterité, pour ſa
famille? quel obſtacle à pouvoir un jour,
dans un autre emploi aſſorti à ſes talens,
ſe juſtifier dans l'eſprit de ſon Prince,
rétablir ſa réputation, ſervir utilement
ſa Patrie, & faire paroitre au grand jour
la grande différence des ſervices que peut
rendre le même homme, ſelon qu'il eſt
placé bien ou mal-à-propos! Convenons
qu'un eſprit déplacé eſt malheureux &
mille fois malheureux par les ſeules ſuites
funeſtes de la diſconvenance de ſes talens
à ſon emploi. Ah! que je ſouhaiterois
bien qu'il n'y eut dans ce monde aucun
mortel qui fut dans ce triſte & déplorable
cas!

Voilà l'ébauche des malheurs publics &
particuliers qu'entraine la diſproportion
des talens aux emplois: voici l'eſquiſſe du
bonheur public & particulier qui nait né-

cessairement d'un bon choix des talens
selon les emplois. Ici & là le crayon lé-
ger n'a tracé que des traits : mais pour
être foibles, ils n'en sont pas, ce me semble, moins justes.

Je ne demande encore au Lecteur qu'un
petit effort de l'imagination & un moment
de réflexion pour faire ici avec moi l'e-
xamen d'un Etat gouverné par des personnes constituées dans des emplois dont ils
auroient les talens : ce qui les rend suffi-
samment qualifiées pour traiter au mieux
les affaires attachées à l'exercice de leurs re-
spectifs emplois. Eh! qui est celui qui ne
voit aussitôt, comme en raccourci, le mag-
nifique tableau du bonheur d'un tel Etat:
état qui seroit, sans contredit, des plus
florissants, & où les gens en place véritablement utiles à leur Patrie & couverts
de gloire ne sauroient manquer d'être
assez contens & heureux. On peut as-
surer en général que l'Ordre le plus ex-
act y régneroit infailliblement : & qui dit
Ordre dit tout. Oui, l'Ordre cette ame
du Gouvernement & de l'Univers, sans
quoi ni l'un ni l'autre ne pourroient sub-
sister, s'y feroit remarquer tout par tout
où l'Examinateur le plus pénétrant por-
teroit ses recherches. Autant de Ministres, de Conseillers, de Juges, qu'on y

verroit ; ce feroient autant de grands
hommes, de vrais fuppôts de l'Etat. Autant de Subalternes ; autant d'excellens
refforts d'une machine des plus exactes &
des plus artiftement arrangées. Si l'on
vouloit outre cela examiner en détail la
conftitution des différentes branches d'un
tel Gouvernement ; on obferveroit fans
doute dans le Palais , cet efprit du Barreau & de Législation y employer fage-
ment la juftice, l'équité, & la clémence.
C'eft de ce Tribunal, vrai Sanctuaire de
Thémis, que fortiroient infailliblement
les Loix les plus parfaites, puifées dans
la faine raifon, & conformes à la Conftitution du Gouvernement, aux Moeurs ,
au Climat, à la Religion &c.: en un mot
ces Loix feroient telles affurément que
les définit l'illuftre Montesquieu, favoir,
*des rapports néceffaires qui derivent de la na-
ture des chofes.* On verroit auffi dans l'Adminiftration des Finances les talens oeco-
nomiques habiles & attentifs ne laiffer
echapper aucun avantage: accumuler fans
ceffe le profit : établir, foutenir, en-
courager d'utiles projets. Le Commerce dirigé par cet efprit qui lui eft uniquement propre s'y montreroit dans toute fon
utilité & dans tout fon brillant. Grace
à l'efprit fyftématique on verroit fortir
du confeil du Gouvernement les plus fa-

ges & les plus utiles arrangemens, accompagnés de la plus exacte régularité; d'où naît une folidité qu'on diroit à l'abri des viciſſitudes des ſiècles & des plus grandes révolutions. Enfin, grace aux qualités de l'eſprit & du coeur qui conſtituent l'homme d'Etat & le parfait Négociateur (*d*), on obſerveroit dans le Cabinet le merveilleux tiſſu d'une habile Négociation, conforme aux vrais intérêts de l'Etat, & conduite avec ſecret, avec prudence, avec ſageſſe, avec art: on y admireroit des excellentes inſtructions données aux Miniſtres dans les pays étrangers, des projets également bien imaginés & exécutés, des contre-tems prévus & parés, d'alliances utiles formées & ſoûtenues, avec une infinité d'autres excellens arrangemens qui réſultent du jugement apporté dans les combinaiſons générales faites d'après les

(*d*) Mr. Pecquet, dans ſon *Art de négocier avec les Souverains*, a tâché de raſſembler toutes les qualités de l'eſprit & du coeur requiſes dans un Négociateur parfait. Le détail qu'il en fait eſt, ſans contredit, des plus circonſtanciés & des meilleurs que nous ayons ſur ce point. Il ſeroit à déſirer qu'on imitât ſon exemple rélativement aux autres genres d'affaires. Ce travail ſeroit du reſſort d'un *Traité ſur l'aſſortiment des talens aux emplois*. L'Auteur d'un petit livre intitulé: *Les Elemens & les progrès de l'Education*, quoiqu'il n'ait rien moins qu'approfondi cette matière, l'a du moins ébauchée en donnant quelques lumières rélatives aux talens différens qu'exigent l'Egliſe, l'Epée, le Miniſtère, la Robe, le Commerce, & la Finance.

D 5

rélations des Miniſtres dans les Cours étrangères. Que ſi les circonſtances force-
roient un tel Etat à prendre les armes;
grace aux talens & aux autres qualités
qui compoſent un grand Capitaine dans
les Chefs des Armées, & moyennant l'habi-
leté à exécuter les ordres dans les Officiers, on verroit, avec l'aſſiſtance du Ciel
toujours néceſſaire, dans cette guerre les
plans les mieux conçus, toutes les occa-
ſions favorables adroitement ſaiſies, des
ſièges merveilleuſement conduits, des villes priſes & de batailles gagnées les unes
ſur les autres, des rétraites qui égale-
roient des victoires: on verroit enfin les
lauriers mis à profit; ce qui ramène né-
ceſſairement le retour d'une paix honorable, avantageuſe, & durable. Or, la
vraie cauſe de la ſituation floriſſante de
cet Etat, ſeroit effectivement, comme
nous venons de le voir par ce petit détail,
l'heureux choix des talens ſelon les emplois.

Il nous reſte encore à conſidérer la belle ſituation d'un homme placé dans un
emploi dont il auroit le talent. D'abord
quelle force d'attention, quelle intelligence, quelle exactitude, quelle ſagaci-
té, quel diſcernement, quel jugement,
dès qu'il s'agit de traiter des affaires aux-

quelles on eſt naturellement propre? Il
eſt évident que ces heureuſes diſpoſitions
ſont autant de ſources d'où dérivent l'eſ-
time publique, la vraie gloire, le parfait
contentement, la plus douce ſatisfaction,
en un mot, le vrai bonheur & la félicité
de la vie (e). Travailler en matières aſſorties à ſes talens, c'eſt bâtir ſur la Nature; c'eſt poſer les fondemens ſur une ro-
che. La ſolidité des travaux d'eſprit exécutés par un homme conſtitué dans un
emploi dont les fonctions ſe trouvent, ſi
l'on peut parler ainſi, à l'uniſſon avec ſes
talens, eſt un de plus beaux effets de la
convenance des talens aux emplois. Tout
ce qui part d'un eſprit en ſa place porte
cette empreinte. D'ailleurs l'exercice mê-

(e) Le judicieux Auteur de la *Théorie des ſentimens
agréables*, eſt parfaitement d'accord avec ce que
j'avance ici. *Plaçons*, dit-il à la page 140. *autant
qu'il eſt poſſible notre bonheur & notre perfection, non
dans des biens qui ſoient hors de nous, mais dans une
ſuite d'occupations aſſorties à nos talens.* L'Artiſan
dont parle Horace, ajoute-t-il plus bas, *auroit ſuffi
pour apprendre à tout un peuple qu'on ne peut être
heureux que par des occupations aſſorties à ſes talens.
Il etourdiſſoit tout ſon voiſinage par des chanſons qui
commençoient avec le jour, & ne finiſſoient qu'à la
nuit. Le Beau-Pere d'Auguſte pour s'affranchir de
l'importunité de ſa Muſique, l'enrichit par le préſent
d'une terre, où l'ennui & l'inquiétude prirent bientôt
la place de ſa gayeté. Reprenez vos dons vint-il dire à ſon Bienfaiteur, & rendez-moi à mes travaux.*
L'Epitre d'Horace où il eſt parlé de cet Artiſan,
finit par cette mémorable Maxime: *Metiri ſe quem-
que ſuo modulo ac pede verum eſt.*

me d'un emploi auquel on eſt propre développe merveilleuſement le talent, le
fortifie , & en réhauſſe la valeur: car
ce n'eſt en effet que le talent mis en
œuvre qui fait naitre le grand - homme (f). Au reſte l'analogie qu'on obſer-
ve entre la force du tempérament & l'e-
nergie des talens mis en action eſt digne
d'être rémarquée ici. Qu'on laiſſe , par
exemple, la libre carrière au tempérament
colère, qu'on lui fourniſſe ſans ceſſe des oc-
caſions propres à l'attiſer; on verra bientôt
des funeſtes fruits de ces continuelles irrita-
tions : cette terrible paſſion ſe montrera
dans le dernier dégré de ſa fureur. Il en
eſt tout ainſi du talent mis en œuvre : le
diligent & continuel exercice de la capacité naturelle dans les fonctions d'un emploi augmente merveilleuſement ce tré-

(f) Si l'on pouvoit engager les hommes à pratiquer
cet avis : *ſuivez la Nature*, que l'Oracle de Delphes
prononça lorsque Ciceron vint lui demander à quoi
il devoit ſe deſtiner, nous en verrions bientôt un
grand nombre d'auſſi habiles dans leurs profeſſions
que cet illuſtre Orateur l'étoit dans la ſienne. *Natu-
ram intueamur* , dit Quintilien, *hanc ſequamur : id
enim facillime accipiunt animi quod agnoſcunt.* Mais
on ſuit fort rarement ce précepte : au contraire, il
eſt ordinaire de s'adonner à tel Art ou telle Science qui s'accorde le moins avec les diſpoſitions naturelles. C'eſt ce qu'Horace a voulu indiquer par
ces vers ;

*Optat ephippia bos piger , optat arare caballus :
Quam ſcit uterque libens cenſebo exerceat artem.*

lor, qui après tout n'a été confié à l'homme qu'afin de le mettre à profit. Aussi l'Auteur de la nature verra, si j'ose m'exprimer ainsi, avec complaisance ses biens & ses dons prospérer entre les mains de celui qui en fait le vrai usage : tout le monde admirera en lui la magnificence des présens du Ciel. Quant à lui-même les talens redoublent de prix pour l'heureux mortel qui est à même de les produire au grand jour, de les faire valoir, pour le service de sa Patrie, & de se procurer par-la l'estime la vénération & les applaudissemens de toute une Nation, & souvent aussi les louanges non suspectes des Nations étrangères ou même ennemies. Enfin en accomplissant autant qu'il est en lui les fonctions de son emploi, il rend au Créateur l'hommage dû à ses bienfaits, & il s'aquitte envers la Patrie du tribut de services qu'elle est en droit d'exiger du Citoyen. Du reste quelque pénibles que puissent être ses travaux, outre la capacité d'en venir à bout qu'il tient de la nature, il reçoit de son propre penchant, qui est toujours inséparable du vrai talent, la force requise pour surmonter toutes les difficultés. Eh! peut-on manquer de ressources d'esprit nécessaires dans l'exercice d'un emploi, tandis qu'on est d'un côté soutenu & poussé par la force du ta-

lent, & de l'autre flatté & encouragé par
le goût qu'on éprouve en exécutant le
travail d'esprit pour lequel on est propre, & dont on s'assure du succès ? Ajoutez que la seule satisfaction intérieure pro-
duite par l'estime publique qu'on témoigne en tout lieu & en toute occasion à qui-
conque par l'utilité évidente de ses travaux s'est aquis une juste renommée, suf-
fit abondamment à le dédommager de tout
ce que l'exercice d'un emploi peut avoir
de gênant, de pénible, ou de desagréable.
Outre cela, chéri, estimé, honoré du Prince & du peuple, la vie d'un homme con-
stitué dans un emploi assorti à ses talens,
devient une charmante suite de sentimens
agréables.   Bref, l'Alliance des talens &
des devoirs d'un emploi est une vraie &
belle Alliance de la Nature & de l'Art:
c'est la plus riche source de tout ce qu'il
y a d'agréable, d'utile, & de glorieux, dans
la vie humaine. En effet si l'on goûte le
plus parfait contentement dans le témoignage rendu par la conscience sur une vie
bien employée: s'il est doux de consacrer
ses jours au service de sa Patrie ; celle-
ci généreuse & réconnoissante ne manque-
ra pas d'honorer & de récompenser abondamment le Citoyen laborieux & utile.
Oui, à proportion de son mérite il en
peut espérer à juste titre le comble de la

gloire & de la félicité d'ici-bas, l'immorta-
lité de son nom, aussi bien que le lustre
perpétuel de sa maison. Ah! qu'il est
heureux de se trouver dans le cas d'une
parfaite convenance de ses talens à l'emploi qu'on exerce!

O vous Souverains & vous Ministres de
qui dépend la distribution des emplois
de l'Etat, je vous conjure au nom du Bien
des peuples dont le Ciel vous a confié le
soin & les intérêts, au nom de votre propre bonheur, je vous conjure, dis-je, de vous
appliquer a connoitre vos sujets (g). & de
faire en conséquence un choix scrupuleux
de ceux à qui vous conférez ces emplois
qui exigent des travaux d'esprit. Que vos
foiblesses, que vos intérêts particuliers,
ou vos caprices; que les cabales, les intrigues, ou les importunités des prétendans
ne vous fassent jamais vous départir de la
maxime aussi juste que nécessaire d'adap-
ter les sujets aux affaires pour lesquelles
ils ont notoirement toutes les qualités re-

(g) *Il faut avant toutes choses,* dit le célèbre Bos-
suet, *que le Prince connoisse le naturel de ses sujets;
& c'est ce que le Sage lui prescrit sous la figure d'un
pasteur. Connoissez,* dit-il, *la face de votre brebis,
& considérez votre troupeau.* Prov. XXVII. 23.
Voyez la *Politique tirée des propres paroles de l'E-
criture-Sainte. Proposit.* XII. Le Prince qui fait
employer les hommes selon leurs talens, paroit en
tout inspiré d'enhaut: tant il donne droit au but.

quiſes. Car, ſi vous n'avez eu aucun égard
au mérite dans la diſtribution des emplois,
outre que votre gouvernement ſeroit tôt
ou tard déteſté ; craignez du moins, ah!
craignez la ruine totale qu'entraine le déplacement des ſujets dans les charges. Soyez plutôt attentifs & ſenſibles au bonheur de votre Etat & de vos citoyens,
qui eſt une ſuite certaine du bon choix
des talens ſelon les emplois. Déterrez, ho-
norez, ſoûtenez, écoutez le mérite: vous
en ſerez récompenſés avec uſure. Que ſi
vous étes ſourds à ma voix: ſi à cet égard
vous reſtez dans l'inaction; à qui eſt-ce
donc qu'eſt confié le ſoin du Bien public?
Si ce n'eſt à vous, à qui eſt-ce qu'il ap-
partiendra de rendre compte à l'Eternel
au grand jour du Jugement?...... Conſi-
dérez, peſez bien tout ceci.

Finalement je m'adreſſe à vous tous tant
que vous étes qui recherchez des emplois ;
à vous ſurtout que la naiſſance a mis à mé-
me d'étre revétus des emplois les plus importans, je vous conjure pareillement au
nom de la tranquillité de votre conſcien-
ce, au nom de votre honneur & de votre
bonheur, ne recherchez pas indifféremment quelque poſte que ce ſoit qui s'offre le prémier, mais dont l'exercice peut
ſouvent être au de-là de la portée de vos
lu-

lumières, ou du moins très opposé au caractère de votre esprit. Je vous en ai dépeint
les suites funestes: tremblez pour vous &
pour tout ce qui peut être enveloppé dans
votre malheur. Au contraire, essentiel-
lement intéressés au Bien de votre propre
individu, zélés pour le service que vous
devez à la Patrie, & justement sensibles
à l'honneur, à l'estime, à la gloire, que
vous pouvez aquerir en vous aquittant
dignement de votre emploi, tâchez plutôt, ah! tachez de vous bien connoître,
sondez bien vos forces (h), soyez en garde
contre l'avarice, l'ambition, & l'amour-
propre, de peur que les passions ne vous of-
fusquent la vue dans cet examen: & après
être parvenus à connoître le caractère de
votre esprit, appliquez vous à cultiver
vos talens: cherchez les occasions de les
mettre en œuvre: mais faites - vous
une loi sacrée de ne jamais rechercher
d'autre emploi que tel dont vous connoissez les fonctions, & que vous savez
être assorti à vos talens.

Ce sont là de ces choses faciles à dire mais
difficiles à pratiquer me dira peut-être quelqu'un: je l'avoue: mais que s'en ensuit il?
Elles ne laissent pas pour cela d'être moins

(h) ———— *Versate diu, quid ferre recusent,*
Quid valeant humeri. Horatius.

nécellaires au bien de l'Etat & de ceux
qui fentent le devoir, & qui afpirent à
l'honneur d'exercer dignement l'emploi
qui leur eft confié. C'eft ce que j'ai tâché de mettre en évidence dans cet Effai.
Si l'on trouve que la faine raifon eft parfaitement d'accord avec ce que j'y ai avan-
cé, puiffe-t-il être lu avec l'indulgence
que mérite la pureté de mes intentions!
puiffe-t-il produire le fruit qu'il m'eft permis d'en efpérer!

F I N.

Table des chapitres.

Introduction   p. 1.

Première partie.
Inégalité des caractères de nos esprits et
quelles en sont les causes.   p. 6.

Seconde Partie
Raisons qui démontrent la nécessité de
conférer les emplois selon les talens avec
quelques causes du déplacement des sujets,
et de la disette des grands hommes   p. 25

3.me partie.
Différentes conséquences qui résultent
de la convenance ou de la disconvenance
des talens aux emplois   p. 45